RATUS POCHE

COLLECTION DIRIGÉE PAR JEANINE ET JEAN GUION

En plus de l'histoire :
– des mots expliqués pour t'aider à lire,
– des dessins avec des questions
pour tester ta lecture.

● ● ● ● ● ● ● ● ● ● ● ● ● ● ● ● ●

© Hatier Paris 1994, ISSN 1259 4652, ISBN 2-218 05626-7

Toute représentation, traduction, adaptation ou reproduction, même partielle, par tous procédés, en tous pays, faite sans autorisation préalable est illicite et exposerait le contrevenant à des poursuites judiciaires. Ref. : loi du 11 mars 1957, alinéas 2 et 3 de l'article 41. Une représentation ou reproduction sans l'autorisation de l'éditeur ou du Centre français d'exploitation du droit de copie (3, rue Hautefeuille, 75006 Paris) constituerait une contrefaçon sanctionnée par les articles 425 et suivants du Code pénal.

Ralette
fait du camping

Une histoire de Jeanine et Jean Guion
illustrée par Luiz Carlos Catani

Les personnages de l'histoire

Ralette campe à la montagne avec Raldo et Ratounet.

– Je vais planter ma tente à côté du torrent, décide Ralette.

Raldo hoche la tête :

– Ce n'est pas prudent, s'il y a un orage !

– Je n'ai pas peur de l'orage, moi ! dit Ralette.

Elle déballe son matériel de camping et commence à s'installer tout près de l'eau. Raldo et Ratounet préfèrent planter leur tente plus haut dans le pré.

Que fait Ralette après avoir planté sa tente ?

Dès que sa tente est montée, Ralette se met en maillot de bain. Debout sur un rocher, elle crie :

– Regardez ! Je vais me baigner dans l'eau pure du torrent.

Et elle plonge. On entend alors un hurlement. Raldo et Ratounet se précipitent et repêchent Ralette qui grelotte.

– Tu n'aurais pas dû plonger ! dit Raldo. L'eau est trop froide. Elle vient tout droit du glacier.

Maintenant, Ralette est sèche. Pour la réchauffer, Ratounet lui a préparé un bol de lait chaud.

– Merci, tu es gentil, dit-elle.

Puis elle ajoute :

– J'aimerais bien décorer ma tente avec des fleurs de la montagne…

– Je vais aller t'en chercher, dit aussitôt Raldo.

– J'y vais aussi ! dit Ratounet.

Et les voilà partis.

Où est l'erreur ?

Maintenant, la nuit est tombée. Ratounet et Raldo ne sont toujours pas revenus. De temps en temps, Ralette appelle :

– Ratounet ! Raldo ! Où êtes-vous ?

Des moutons répondent :

– Bêê… bêê… bêê…

Avec sa lampe de poche, Ralette cherche un bâton, le pose à côté de son matelas et ferme bien sa tente. Elle a peur.

Quelle bête Ralette imagine-t-elle ?

Tout à coup, Ralette sursaute. Elle a entendu un bruit.

– C'est sûrement un ours ! se dit-elle.

Ralette imagine une bête énorme qui s'approche de sa tente et qui gratte pour entrer. Elle aperçoit sa tête derrière la toile… Elle prend alors son bâton et tape de toutes ses forces sur l'ombre…

– Aaaaaaaïe ! crie l'ombre.

Qui a reçu le coup de bâton de Ralette ?

Ralette éclaire vite sa lampe de poche. Devant la tente, Raldo est assis sur son derrière, une bosse sur la tête et un bouquet à la main.

– Je t'ai apporté des fleurs, dit-il. Mais on s'est perdu dans la montagne…

Le lendemain matin, Raldo a oublié sa bosse. Il joue à soulever de grosses pierres, tandis que Ratounet s'amuse avec des moutons. Ralette se fait bronzer à côté de sa tente.

Où est la tente de Ralette ?

Vers cinq heures, des nuages noirs apparaissent dans le ciel.

– Tu devrais changer ta tente de place, dit Raldo. S'il y a un orage, le torrent débordera. Et tu seras emportée par l'eau...

– De quoi tu te mêles ? crie Ralette. Retourne sous ta tente, si tu as peur. Froussard !

Tout à coup, le tonnerre résonne au loin derrière les sommets. De grosses gouttes commencent à tomber.

Quel dessin correspond à l'histoire ?

23

24

25

20

Ratounet et Raldo courent se mettre à l'abri sous leur tente.

– Si on jouait aux cartes ? propose Ratounet, une fois assis sur son matelas.

– D'accord, dit Raldo.

La pluie tombe maintenant avec violence.

– Bêê… bêê… font les moutons qui se sont serrés les uns contre les autres.

Le grondement du torrent se fait de plus en plus fort. Les éclairs sont de plus en plus nombreux.

Que fait Ralette sous sa tente ?

Sous sa tente, la petite rate ferme les yeux et se bouche les oreilles. Mais rien n'y fait. Elle a très peur…

– Bêê… bêê… crient toujours les moutons.

– Qu'est-ce qu'ils ont, ces moutons ? grogne Raldo. Ils bêlent sans arrêt. On dirait qu'ils m'appellent…

– Ils font encore plus de bruit que Ralette ! dit Ratounet en riant.

Raldo laisse tomber ses cartes.

– Ralette ! Le torrent… Avec l'orage, il a dû l'emporter…

Raldo sort de la tente. Il court vers le torrent qui atteint déjà la tente de Ralette et commence à l'arracher.

Raldo hurle de toutes ses forces :
– Ralette ! Ralette !

Mais la petite rate ne répond pas : la tente est vide…

– Je vais prévenir les gendarmes, décide Raldo.

Pour rejoindre la route, il faut passer près du troupeau :
– Bêê… bêê… font les moutons.
– Raldo ! Raldo ! fait une petite voix.

D'après Ralette, qui lui a sauvé la vie ?

C'est Ralette. Elle s'est blottie contre un vieux mouton qui la protège.

– Viens sous notre tente ! propose gentiment Raldo. Tu seras à l'abri.

– On jouera aux cartes, dit Ratounet.

– Je veux bien, dit Ralette, mais avec le vieux mouton. Il m'a sauvé la vie.

– Bêê… bêê… fait le vieux mouton.

Et c'est ainsi que, toute la nuit, Ralette et Ratounet ont gagné contre Raldo et le vieux mouton qui ne savait pas jouer.

POUR T'AIDER À LIRE

1

un **torrent**
Sorte de ruisseau
qui descend
de la montagne.

2

il **hoche** la tête
(on prononce : *o-che*)
Raldo secoue sa tête
car il n'est pas
d'accord.

3

un **hurlement** (on
prononce : *ur-le-man*)
C'est un cri très fort.

4

elle **grelotte**
Ralette tremble
car elle a froid.

5

un **glacier**
C'est un champ de
glace à la montagne
ou dans un pays
froid.

POUR T'AIDER À LIRE

6
il **débordera**
L'eau du torrent va
inonder le pré.

7
le tonnerre **résonne**
On entend le tonnerre
très fort.

8
ils **bêlent**
C'est le cri
des moutons.

9
le torrent **atteint**
Il arrive jusqu'à
la tente.

10
elle s'est **blottie**
Elle se fait toute petite.

❶ Le robot de Ratus
Une histoire de Jeanine & Jean Guion, illustrée par Olivier Vogel.

Ratus a acheté un robot
pour faire peur à ses voisins
les chats. Mais le robot
tombe en panne...

❷ Tico fait du vélo
Une histoire de Jeanine & Jean Guion, illustrée par Pierre Cornuel.

Tico a un joli vélo.
Il promène son ami Plumet.
Mais le vélo va vite,
beaucoup trop vite...

❸ Les champignons de Ratus
Une histoire de Jeanine & Jean Guion, illustrée par Olivier Vogel.

Dans la forêt, Ratus
ramasse des champignons.
Il ne sait pas qu'ils sont
vénéneux !

❹ Tico aime les flaques d'eau
Une histoire de Jeanine & Jean Guion, illustrée par Pierre Cornuel.

C'est amusant de sauter
dans les flaques d'eau !
Mais quand on est
un robot...

❺ Sino et Fanfan au cinéma
Une histoire de Charles Milou, illustrée par Jean-Loup Benoît.

Devant nos amis,
il y a une chèvre avec
de grandes cornes.
Pas facile de voir l'écran !

❻ Ratus raconte ses vacances
Une histoire de Jeanine & Jean Guion, illustrée par Olivier Vogel.

En vacances à Saint Tropez,
Ratus est capturé par
des pirates. Il raconte
sa terrible aventure...

❼ Le cadeau de Mamie Ratus
Une histoire de Jeanine & Jean Guion, illustrée par Olivier Vogel.

On vole les fromages
de Ratus ! Pour l'aider,
sa grand-mère va lui faire
un drôle de cadeau...

6-7 ans — Les autres titres de la collection

8 Ratus et la télévision
Une histoire de Jeanine & Jean Guion, illustrée par Olivier Vogel.

Ratus a acheté une télé pour la regarder toute la journée. Mais ce qu'il voit le rend furieux...

9 Le trésor du tilleul
Une histoire de Giorda, illustrée par Anne Teuf.

Mais pourquoi couper le vieux tilleul du village ? Mistouflette et ses amis vont découvrir un curieux trésor...

10 Ralette au feu d'artifice
Une histoire de Jeanine & Jean Guion, illustrée par Luiz Carlos Catani.

Une sorcière s'est penchée sur le berceau de Ralette. Elle a annoncé qu'un jour, Ralette serait reine...

11 Ralette fait des crêpes
Une histoire de Jeanine & Jean Guion, illustrée par Luiz Carlos Catani.

Ralette et ses amis font des crêpes. Mais quand on fait sauter une crêpe, on ne sait pas où elle va retomber !

12 Le bonhomme qui souffle le vent
Une histoire de Ghislaine Laramée, illustrée par Michel Backès.

Quand le bonhomme a fait de mauvais rêves, gare à ceux qui se trouvent sur son chemin !

13 Ralette fait du camping
Une histoire de Jeanine & Jean Guion, illustrée par Luiz Carlos Catani.

Ralette a planté sa tente tout près d'un torrent. Il va lui arriver bien des aventures !

14 L'âne Badaboum se venge
Une histoire de Ghislaine Laramée, illustrée par Jean-Marie Renard.

La vie est dure quand on est un âne maltraité par son maître ! Mais voilà qu'un beau jour...

15 Ratus se déguise
Une histoire de Jeanine & Jean Guion, illustrée par Olivier Vogel.

Le prince charmant Ratus sauvera-t-il la princesse Mina des griffes de l'ogre Victor ?

Les bonnes réponses

Tu es un super-lecteur
si tu as trouvé ces 13 bonnes réponses.

31, 33.

21, 24, 26

1, 6, 8, 12, 17

Maquette Jean Yves Grall, mise en page Joseph Dorly

Imprimé en France par Pollina, 85400 Luçon - n°71571-D
Dépôt légal n° 15841 - Février 1997